いま振りかえる朝鮮植民地支配

歴史と実態

赤旗編集局

〈同時収録〉韓国・建国大学での
志位和夫日本共産党委員長の講演

目　次

表紙写真　雨の中、日本大使館前で日本政府に徴用工被害の謝罪と賠償を求める李春植さん（手前右）と、女子勤労挺身隊の被害者、梁錦徳さん（手前左）＝2019年8月15日、ソウル（栗原千鶴撮影）

いま振りかえる 朝鮮植民地支配
――歴史と実態

赤旗編集局

はじめに

「しんぶん赤旗」で掲載したシリーズ「いま振りかえる植民地支配　歴史と実態」（2019年9月8～18日付）を小冊子としてお届けします。2018年10月の韓国大法院による「徴用工」判決以来、日本国内では韓国バッシングが吹き荒れています。19年8月、安倍内閣が判決への事実上の報復として対韓貿易規制の拡大という「禁じ手」を発動したことで、テレビや新聞、週刊誌では嫌韓・反韓報道があふれるようになりました。

しかし、なぜ韓国の人が戦前日本で強制的に働かされていたのか、なぜ韓国への賠償が問題になり、どういう協定が結ばれたのか、そもそも「韓国併合」（1910年）以来、朝鮮で何が行われていたのか。あまりにも基礎的なことを知らないまま、日韓関係を論じていないだろうか。

そんな思いから、政治部、外信部の記者を中心にこのシリーズを始めました。

読者からは「脅迫、強圧で併合し、言葉も名前も変えさせ、人間としての尊厳を踏みにじり、強制労働や慰安婦として人々を蹂躙したことは、私たちがもっと知るべきこと」などたくさんの反響をいただきました。この小冊子が日韓関係をより深く理解する一助になれば幸いです。

（赤旗編集局次長　藤田　健）

［1］脅迫と強圧で実現した「韓国併合」

「清日戦争、露日戦争、満州事変と中日戦争、太平洋戦争にいたるまで、60年以上にわたる長い戦争が終わった日」。韓国の文在寅《ムンジェイン》大統領は、日本の植民地支配から解放されたことを記念する光復節（8月15日）の演説でこう述べました。戦前の日本帝国主義による侵略と36年間の植民地支配は、韓国の人々から国を奪い、人間の尊厳を奪い、言葉や名前すら奪いました。韓国国民の中でその傷痕と怒りは今も消えていません。日韓関係を改善するうえで、加害者である日本が過去の植民地支配にどう向き合うかは決定的です。日本の植民地支配はどのように進められたのか、改めて考えます。

日清戦争と日露戦争

朝鮮支配めぐる侵略戦争

明治維新から10年もたたない1875年、日本は江華島事件を起こしました。軍艦をソウルの入り口の江華島まで行かせて、衝突を挑発し、砲撃戦で砲台を占領し、大砲などを強奪。翌年、

第２次日韓協約締結時の日本と韓国の首脳（『画報日本近代の歴史７』から）

日本は朝鮮に不平等条約を押しつけました。これを機に日本は朝鮮への圧迫を続け、本格的な侵略に乗り出したのが日清戦争（94年）でした。

当時、朝鮮では官吏の腐敗と重税に反対して東学農民運動が起こっていました。運動は朝鮮半島の南西部の中心都市・全州を実質的に統治するほど力を持ちました。

そのとき日本は、朝鮮王朝の要請もないのに、東学農民運動への対応を口実に6千の大軍を朝鮮に派兵し、ソウルを制圧。開戦直前の朝鮮王宮を軍事占拠し、国王と王妃を拘禁しました。そして、軍事的脅迫のもとで朝鮮に日本への協力を約束させたのでした。同時に、日本軍は農民軍の大量虐殺を行いました。その犠牲者は3万人、あるいは5万人に迫ると言われています。

日清戦争に勝利した日本は下関講和条約（95年4月）で朝鮮への清国の影響力の排除を約束させますが、同条約で日本へ割譲をきめていた中国の遼東半島を、ロシア・フランス・ドイツの要求で清国に返還せざるを得ませんでした。朝鮮での覇権を失うことを恐れた日本は同年10月、公使の三浦梧楼《ごろう》の指揮のもとに軍人らが王宮に押し入り、日本への抵抗の中心であった明成皇后（閔妃《ミンピ》）を殺害し、遺体を焼き捨てるという暴挙を行いました。こうして日本は朝鮮の植民地化への一歩を踏み出しました。

日露戦争（１９０４～05年）は、韓国（１８９７年に大韓帝国に改称）と中国東北部をめぐる日露双方からの侵略戦争＝帝国主義戦争でした。

日本は開戦と同時にソウルを軍事占領した上、韓国に「日韓議定書」を強要し、日露戦争への協力を約束させました。さらに、「第1次日韓協約」で、日本政府の推薦する「顧問」を韓国政府に押し付け、財政と外交の事実上の実権を握りました。

不法・不当な「併合」条約

どう喝・拉致・監禁下で

日露戦争後、韓国に対する日本の覇権は無制限になっていきました。韓国の外交権を取り上げた第2次日韓協約（韓国保護条約）は、日本による軍事的強圧のもとで締結されました。

特派大使の伊藤博文（初代首相、後に韓国統監）は「もし拒否するのであれば、帝国政府はすでに決心している。その結果はどのようなことになるか」（「伊藤特派大使内謁見始末」）と韓国の国王を脅迫。韓国政府の閣議の場に憲兵を連れて乗り込み、協約締結をためらう韓国の大臣を

全国に拡大した反日義兵運動の兵士（『画報日本近代の歴史７』から）

「あまり駄々をこねるようだったらやってしまえ」とどう喝しました。

さらに、日本の特命全権公使の林権助《ごんすけ》は回想『わが七十年を語る』で、韓国側の大臣が逃げないように「憲兵か何かを予《あらかじ》め手配しておいて、途中逃げださぬよう監視してもらいたい。勿論《もちろん》名目は護衛という形をとるのです」などと、事実上の拉致・監禁下での交渉であったことを記しています。

この条約で、日本は韓国に「統監府」をおき、属国化を進め、１９１０年に「韓国併合条約」を押しつけました。

当時の国際法でも国家の代表者を脅迫しての条約は無効でした。しかも第2次日韓協約で韓国から外交権を奪っておいて、条約を締結させたのですから二重三重に「不法・不当」なものでした。

「義兵闘争」「独立運動」

抵抗する民衆　徹底弾圧

日本の乱暴な植民地化に朝鮮の民衆は抵抗し、１９０６～

11年には「反日義兵闘争」が韓国全土に広がりました。これに対して、日本軍は村々を焼き払い、義兵を大量に殺害し、日本軍に非協力的な民衆を見せしめに殺傷しました。

19年3月には、日本の侵略に抵抗を試みた前皇帝・高宗《コジョン》の死をきっかけに、植民地支配からの独立を目指す「三・一独立運動」が起こりました。ソウルで始まった運動は朝鮮全土に拡大。数百万人が参加したと言われています。この運動に対しても日本は徹底的に弾圧を行い、1年間で死者7千人、負傷者4万人、逮捕者は5万人に及びました。

戦後、日韓請求権協定（65年）の交渉で、日本代表は「韓国併合」を不法・不当なものとは一切認めませんでした。それは、軍事的強圧のもとに締結したことを正当化する、国際的にも恥ずべき態度でした。

ソウルにある植民地歴史博物館で展示を見学する人たち＝2018年12月（栗原千鶴撮影）

安倍「戦後70年談話」

反省語らず日露戦争美化

ところが安倍晋三首相は「戦後70年談話」（2015年）で、自らの言葉としては「侵略」「植民地支配」への反省を語らず、朝鮮の植民地化を進めた日露戦争について「植民地支配のもとにあった、多くのアジアやアフリカの人々を勇気づけました」と美化しました。

日露戦争直後に、帝国主義の抑圧に苦しむ諸民族からロシアの敗北について歓迎を受けたという事実はありますが、すぐに真実は明らかになります。インドの独立・建国の父の一人、ジャワハルラル・ネールは『父が子に語る世界史』で「その（日露戦争）直後の成果は、少数の侵略的帝国主義諸国のグループに、もう一国をくわえたというにすぎなかった。そのにがい結果を、まず最初になめたのは、朝鮮であった」と指摘しています。

（若林明　「しんぶん赤旗」２０１９年9月8日付）

［2］抑圧36年、日本は朝鮮で何をしたか

1910年8月22日、漢城府（現ソウル）に戒厳令が敷かれ軍と警察が巡回する中、日本と大韓帝国（韓国）は「韓国併合に関する条約」（以下、併合条約）に調印しました。以来36年、朝鮮半島は日本の植民地下に置かれます。その時、日本は朝鮮で何をしたのでしょうか。

総督府設置し専制政治

一片の〝権利〟も付与せず

併合条約に調印直後、日本は朝鮮にあった結社を解散させ、政治集会を禁止します。併合条約が公布されると、呼称を「韓国」から「朝鮮」に変更。司法・行政・立法の三権を握る「朝鮮総督府」（写真①）を新設し、初代総督には現職の陸軍大臣だった寺内正毅《まさたけ》が就任しました。

日本は併合条約の前文で、併合は両国の幸福や東洋平和のためだと合理化しました。しかしその約3カ月前には「併合後の韓国に対する施政方針」を閣議決定し、▽朝鮮には当分、憲法を施

①1916年に起工した朝鮮総督府新庁舎の工事現場。朝鮮王朝時代の王宮前に26年に完成（ソムンダン出版の『写真で見る独立運動・上』から）

行せず大権（天皇）により統治する▽総督は天皇に直属し、朝鮮における一切の政務を統括する権限を有する――としていました。

当時の大日本帝国憲法は徴兵制など天皇絶対の専制政治を国民に強いるものでしたが、条件を満たした一部の男子には選挙権を与えていました。日本は朝鮮に対し、憲法のこのわずかな「権利」すら与えず、総督が天皇の代理人として民衆を弾圧できる専制政治を実践しました。

憲兵警察制度

暴力支配と土地取り上げ

警察と憲兵が一体となった憲兵警察制度は、朝鮮の人々を苦しめました。全国すみずみに憲兵と巡査を配置し、暴力的な支配を行い、「武断政治」と呼ばれました。

10年から18年まで行われた土地調査事業では、多くの農民が書類の提出ができず、土地の所有権を失いました。取り上げた土地の大部分は総督府のものとなり、そのほとんどが日本人に安く払い下げられました。農民の80%が小作人になります。中国東北部や日本へ移住し、低賃金労働者となり苦しい生活を強いられた人もいました。

不満が渦巻く中、19年3月1日に京城（現ソウル）で始まった朝鮮の独立・自主を求めた「三・一独立運動」は、約3カ月にわたり全国に広がりました。総督府は軍隊を動員し無差別に発砲したり、逮捕後も拷問するなどして徹底的に弾圧しました。

「文化政治」の名で

「親日派」養成し運動分断

独立運動によって、日本は武力一辺倒の政策からの転換を迫られることになります。

19年8月、新しい朝鮮総督に海軍大将の斎藤実が就任します。斎藤は「文化政治」の実施を宣言します。一方で憲兵や警官の駐在所の数を3倍に増やすなど、植民地支配体制を強化。治安維持法を朝鮮にも適用し、独立勢力の弾圧を強めていきます。

また一定の条件を満たす団体は結社や集会を認め、日本の植民地支配に協力する親日勢力を養成します。文化政治の本質は、「親日派」を利用し、独立運動を分裂させることにありました。

皇民化政策

言葉や名前、誇りも奪い

日本軍は朝鮮半島を足場に「満州事変」（31年）以降の中国侵略をすすめ、「15年戦争」に突入します。戦況が長引くと、日本は38年に国家総動員法を制定。民衆を戦争に駆り出しました。そのために日本は朝鮮で、朝鮮民族の誇りや文化、伝統を破壊し、天皇のためにすすんで命を捨てる人間をつくりだす「皇国臣民化政策」を進めました。

「皇国臣民ノ誓詞」

「私共は大日本帝国の臣民であります。私共は心を合わせて天皇陛下に忠義を尽くします。私共は忍苦鍛錬して立派な強い国民になります」。37年に制定された「皇国臣民ノ誓詞」の一部です。朝鮮では学校の朝礼はもちろん、会社、工場などでも毎日、唱和させられました。（写真②）

神社参拝の強要

日本は、朝鮮の全ての村に神社をつくり、参拝を強要しました。神社には天照大神や明治天皇をまつり、天皇崇拝を押し付けます。これにはキリスト教徒の抵抗もあり、神社は戦後すぐ、ほとんどが取り壊されました。（写真③）

朝鮮語の禁止

38年に朝鮮教育令の改定で、朝鮮語の科目が消えます。学校で一切の朝鮮語が禁止され、日本語だけで教育を受けさせました。朝鮮語による新聞や雑誌が発売禁止となり、言論がますます統

②愛国朝会で毎日「皇国臣民ノ誓詞」を斉唱。正面には「国体明徴、内鮮一体、忍苦鍛錬」の文字（民族問題研究所所蔵）

③第２陸軍支援兵訓練所入所式を終えて、平壌神社に参拝する陸軍支援兵（民族問題研究所所蔵）

制されていきます。

創氏改名

朝鮮の人々は一族の系譜を記した「族譜」を大事にしてきた民族です。40年に日本が実施した創氏改名は、名前を日本式に変えさせようというものでした。拒否する人にはさまざまな圧力が加えられました。（写真④）

工場・戦場へ強制動員

徴兵・徴用工・「慰安婦」…

30年代後半に入ると日本では成人男性の徴兵により、労働力不足が顕著となりました。日本は国民徴用令を発令。朝鮮の人々も日本の炭鉱や鉄工所、軍需工場などへ、強制的に動員されます。「募集に応じ、2年働けば戻って工場長になれるといわれた」「学校の呼びかけに、級長だったので率先して応えた。日本では学校に行けるといわれた」――。募集、官斡旋《あっせん》、徴用と時期に

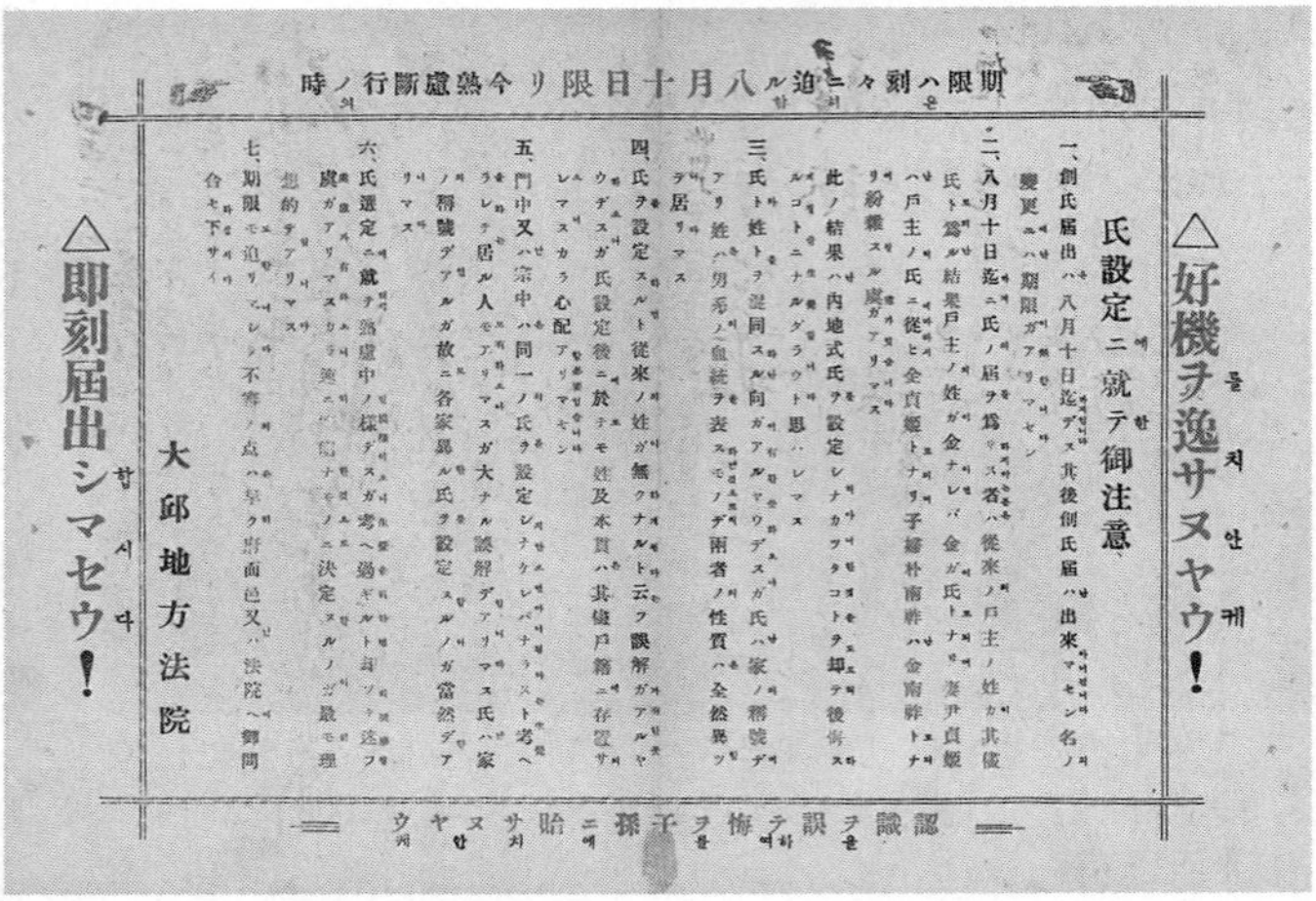

④創氏改名の書類を地方裁判所に提出するよう呼びかけたチラシ（民族問題研究所所蔵）

よって動員された形態は異なりますが、植民地だった当時、最も弱い立場だった人たちが犠牲になったことは明らかです。

日本は、戦況が悪化した44年には、朝鮮に徴兵制を適用。23万人が戦場に送りこまれました。

⑤雨の中、日本大使館前で日本政府に謝罪と賠償を求める李春植さん（手前右）と、女子勤労挺身（ていしん）隊の被害者、梁錦徳さん（手前左）＝2019年8月15日、ソウル（栗原千鶴撮影）

徴用工被害

李春植《イチュンシク》さん（95）は41～43年、旧日本製鉄の鉄工所で強制労働させられました。危険な仕事に従事させられ、熱い鉄材の上に倒れて全治3カ月のけがを負います。賃金も支払われませんでした。韓国の最高裁は２０１８年10月、新日鉄住金（当時）に対し慰謝料の支払いを命じました。（写真⑤）

「慰安婦」被害

日本軍は、戦場に「慰安所」をつくり、女性を性奴隷としました。韓国に住む被害者の李玉善《イオクソン》さん（93）は、16歳のころ朝鮮半島東南部・蔚山《ウルサン》で、日本人と朝鮮人の2人組の男にトラックに押し込められ、中国の慰安所につれていかれました。性奴隷とされ、一日に何人もの軍人を相手にしなければなりませんでした。「あそこは慰安所ではない。死刑場だ」と語ります。

朝鮮人元ＢＣ級戦犯

日本軍は、連合国側の捕虜を監視させるために朝鮮人を動員しました。李鶴来《イハンネ》さん（94）は17歳の時、人数を割り当てられた村役場のすすめで試験を受けます。実質的な強制徴用でした。泰《たい》緬《めん》鉄道建設に使役された捕虜の監視にあたります。2カ月の軍事訓練では、捕虜の待遇に関するジュネーブ条約は知らされませんでした。李さんら朝鮮の捕虜監視員は戦後、国際条約違反で１４８人がＢＣ級戦犯とされ、そのうち23人が死刑となりました。

強制動員などによる被害者らの苦しみは１９４５年8月15日に解放を迎えたあとも続きました。存命の被害者はほとんどが90歳を超えました。いまも名誉回復、真の謝罪、補償を求めてたたかい続けています。

（栗原千鶴「しんぶん赤旗」２０１９年9月11日付）

［3］戦後、日本政府がとった態度は

シリーズ第1回では、野蛮な軍事的強圧によって「韓国併合」にいたった歴史、第2回では民族の誇りも、言葉や名前までも奪い、侵略戦争に強制動員していった歴史をみてきました。こうした植民地支配に、戦後、日本政府はどういう態度をとったのでしょうか。

戦後の出発点示す2文書

無反省と開き直り綿々と

「朝鮮の人民の奴隷状態に留意し軈《やが》て朝鮮を自由且《かつ》独立のものたらしむるの決意を有す」

こう宣言したのは、米、英、中華民国の首脳による「カイロ宣言」（1943年）でした。日本が受諾したポツダム宣言（45年）はこのカイロ宣言の「履行」をうたっていたのですから、植民地支配への反省と清算が戦後日本の出発点となるはずでした。

しかし、戦後の日本政府の態度は、正反対のものでした。

2015年、韓国の建国大学で講演した日本共産党の志位和夫委員長は、戦後の日本政府の態

度を示す二つの文書を示しました。「割譲地に関する経済的財政的事項の処理に関する陳述」(49年)と「対日平和条約の経済的意義について」(50年)という文書です。いずれもサンフランシスコ講和条約にむけた準備対策として作成された「極秘」文書でした。

二つの文書には、ほぼ同じ表現であからさまな植民地支配美化論が展開されていました。「日本のこれら地域(朝鮮、台湾、樺太、満州)に対する施政は決していわゆる植民地に対する搾取政治と認められるべきでない…。逆にこれら地域は日本領有となつた当時はいずれも最もアンダー・デヴェロップト(未開発)な地域であつて、各地域の経済的、社会的、文化的向上と近代化はもつぱら日本側の貢献によるものである」「(補助金や資金注入で)日本のこれら地域の統治は『持ち出し』になつていたといえる」(『日本外交文書　サンフランシスコ条約準備対策』から、カッコ内は編注)

これが当時の日本政府の認識でした。そこには、土地を奪い、「創氏改名」や日本語教育などの「皇国臣民化政策」で民族の誇りを奪い、徴兵制など侵略戦争への人的動員で命まで奪い、日本軍「慰安婦」の強制という性暴力までふるうなど、まさに朝鮮人民を「奴隷状態」においたことへの反省は皆無でした。

それどころか、植民地支配にはあたらないと開き直り、「これら地域はいずれも当時としては国際法、国際慣例上普通と認められていた方式により取得され」(「陳述」)たなどと朝鮮支配は合法だったと強弁しています。

日韓交渉

妄言連発し異例の長期化

こうした認識は、今日なお日本政府が持ち出す日韓基本条約と請求権協定（1965年）の交渉にも引き継がれました。この交渉は、14年もの異例の長期間にわたりましたが、その要因の一つが日本政府代表団による「妄言」でした。

1953年には、交渉の日本側代表だった久保田貫一郎が「朝鮮36年間の統治は、いい部面もあった」「はげ山が緑の山に変わった。鉄道が敷かれた。港が築かれた。米田が非常にふえた」「カイロ宣言は、戦争中の興奮状態において連合国が書いたもの」などと妄言を連発。交渉は長期にわたって中断しました。

65年1月には、首席代表・高杉晋一が就任当日、「日本は朝鮮を支配したというけれども、わが国はいいことをしようとしたのだ」「敗戦でダメになったが、もう20年朝鮮をもっていたら、こんなこと（はげ山）にはならなかった」「創氏改名もよかった」などと発言。「久保田発言」に匹敵する妄言でした。

このときは、交渉への影響を恐れた外務省がオフレコ扱いを要請。「アカハタ」（現「しんぶん赤旗」）と韓国の東亜日報が暴露したものの、一般紙は沈黙し、その後政府が「事実無根」と否定したことのみを報じたのでした。当時の新聞は、暴言を吐く日本政府を批判するどころか、韓国に対して「弱腰」だと非難さえしていたのです。

併合条約「もはや無効」
ごまかし解釈今日に続く

結局、日韓基本条約の交渉では、日本側は植民地支配だったとは認めず、「韓国併合」条約も締結当時は合法有効だったとの立場でした。

日韓基本条約も、植民地支配について一切言及していません。第２条で「韓国併合」条約は「もはや無効であることが確認される」と規定されましたが、日韓両国で解釈が分かれました。日本政府は、締結当初は有効・合法だったが、１９４８年の大韓民国成立時に無効になったと解釈。韓国政府は、当初から無効であると解釈しました。

しかし、条約締結当時の国際法でも国家代表者を脅迫しての条約は無効でした。そのうえ、日本はその直前の第２次日韓協約（１９０５年）で韓国から外交権を奪っておきながら、併合条約

アカハタ

空輸 装備などすべて米が担当
アジア人同士を肉弾に

〝日本の植民地支配はいいことをやった〟
日韓会談首席代表 高杉氏が重大発言

高杉晋一氏の暴言を報道する、1965年１月10日付「アカハタ」

を押し付けたのですから、二重に「不法・不当」でした。それを日本政府は認めなかったのです。

請求権協定では、日本が3億ドルの無償供与と2億ドルの貸し付けを行うことで合意し、請求権問題は「完全かつ最終的に解決されたこととなる」（第2条）と明記されました。しかし、両国間の賠償問題が解決しても、個人の請求権は消滅しないことは日韓の政府も最高裁も認めています。また、請求権協定当時、日本は植民地支配の不当性をいっさい認めておらず、経済協力に賠償の性格がないことは明白でした。徴用工問題では、まさにこの点が問題となっています。

安倍政権が逆流持ち込み

反省土台にしてこそ解決

90年代に入り、元「慰安婦」が証言し、謝罪と賠償を求めるなど、日本国内外の世論と運動が盛り上がる中で、日本政府も前向きの変化をみせるようになります。

93年には河野洋平官房長官が「慰安婦」問題に関する談話を発表し、日本軍の関与と強制性を認め、「心からのお詫《わ》びと反省」を表明しました。95年には、村山富市首相が戦後50年談話で、日本が「国策を誤り」「植民地支配と侵略」によって多大な損害と苦痛を与えたことを認め、「痛切な反省」と「心からのお詫び」を表明しました。

日韓両国間でも、98年に金大中《キムデジュン》韓国大統領と小渕恵三首相の間で「日韓パートナーシップ宣言」に署名。「日本の韓国に対する植民地支配への反省」という表現が初めて盛り込まれました。

こうした前向きの流れを逆転させたのが、歴史を逆流させる勢力の中心で政治家としての歩みをすすめてきた安倍晋三首相だったのです。「村山談話」の核心である「植民地支配と侵略」には言及せず、「慰安婦」問題の強制性を否定する閣議決定を行い、戦後70年談話（２０１５年）で朝鮮植民地化をすすめた日露戦争を賛美したのでした。

日本共産党の志位和夫委員長は２０１９年８月26日の記者会見で、日韓関係悪化の根本要因として、安倍首相が「植民地支配への反省」の立場を投げ捨てる態度をとり続けていることがあると指摘。そのうえで次のようにのべました。

「日本軍『慰安婦』問題にせよ、『徴用工』問題にせよ、過去の植民地支配への真摯《しんし》な反省の立場を土台にしてこそ解決の道が開かれる」

（藤田健「しんぶん赤旗」２０１９年９月13日付）

［4］世界の流れは被害者の人権救済

これまでは植民地支配の歴史と実態を見てきましたが、世界の流れはどうなっているでしょうか。

植民地支配

不法性・不当性を追及

安倍首相は、日本軍「慰安婦」問題で「性奴隷」と言われる残酷な実態があったことを認めようとせず、「徴用工」問題でも「解決済み」を繰り返すばかりで被害の救済への努力を拒否しています。

しかし世界に目を向ければ、「被害者の救済」を主眼として、裁判などで植民地支配下での強制労働や政治弾圧といった行為を不正義と認め、被害者への謝罪と補償・賠償を行う動きが生まれています。植民地支配そのものの不法性・不当性について追及が始まっています。

加害国家の反省が重要

ドイツなど今も謝罪

「今日まで、あの恐怖を忘れたことは一度もない」――。2019年8月19日に亡くなったジャン・オハーンさんは1992年に欧州人として初めて日本軍「慰安婦」の体験を語りました。冒頭のように述べて性奴隷の実態を世界に告発し続けました。安倍首相は「解決済み」だと繰り返しますが、被害者にとっては「終わった」問題ではありません。

木畑洋一東大名誉教授（国際関係史）は、植民地支配の責任を含め、国家が過去の加害の事実を反省する重要性を指摘します。

第2次大戦の開戦から80年の欧州では、ナチス・ヒトラーがポーランド侵攻を開始した9月1日に同国の首都ワルシャワなどで記念式典が開催されました。出席したドイツのシュタインマイヤー大統領は「ドイツの暴虐によるポーランドの犠牲者に深くこうべをたれる。許しを請う」と謝罪。ポーランドのドゥダ大統領は「真実に向き合い、犠牲者や生存者と相対する」ためのドイツ大統領の訪問は重要だと語りました。

米国でも88年、レーガン大統領が太平洋戦争中の日系米国人の強制収容について謝罪。「市民の自由法」（日系米国人補償法）の署名に際し「日系米国人の市民としての基本的自由と憲法で保障された権利を侵害したことに対して、連邦議会は国を代表して謝罪する」と表明しました。

木畑氏は加害の歴史を反省してこそ、「将来の安全保障も含めた国の歴史の〝重み〟に責任を持つことになる」と語ります。

2001年反人種主義・差別撤廃世界会議（ダーバン会議）の議長団席（国連公式サイトより、UN Photo by Evan Schneider）

ダーバン宣言の到達点

過去にさかのぼり断罪

植民地支配の責任に対しては、〝過去にさかのぼって非難されるべきだ〟との認識こそ国際政治の到達点です。これを示したのは、2001年の南アフリカ・ダーバンでの国連主催「人種主義、人種差別、外国人排斥および関連する不寛容に反対する世界会議」の宣言（「ダーバン宣言」）でした。旧植民地宗主国の英仏なども合意しました。

植民地の歴史は古代ギリシャ・ローマにさかのぼり、15世紀の大航海時代以後の植民地支配はアジア・アフリカ・アメリカの諸民族に対する大規模な暴力として行われました。政治、経済にとどまらず、文化の破壊や人種差別などその被害は現在も続

ダーバン宣言10周年を記念する国連総会ハイレベル会合であいさつする潘基文国連事務総長（左端、当時）＝2011年9月22日（国連公式サイトより、UN Photo by Rick Bajomas）

く問題です。

ダーバン宣言は、植民地支配下の奴隷制が人道に対する罪だと断罪し、現在の人種差別、人種主義の最大の要因だと認めました。

米国では今年（２０１９年）、黒人奴隷が英植民地から初めて連れてこられてから４００年となります。奴隷の子孫への補償を求める声が高まっており、６月には下院司法委員会で過去の奴隷制に対する補償の是非をめぐる初の公聴会が開かれました。

ベルギーでは今年（２０１９年）４月、被害者からの訴えに対し、ミシェル首相が初めて19世紀後半から約1世紀続いたアフリカの植民地支配下での人種隔離政策について「基本的人権を侵害した」と認め、謝罪しました。

植民地支配を問う動きは第2次大戦直後から始まります。民族自決と独立、国民主権を勝ち取ってきたアジア・アフリカ・ラテンアメリカの諸国民のたたかいが契機となりました。

木畑氏は「『帝国』が解体し、さらに独立した国々は１９９０年代に『民主化』が進展した。

その中で韓国の元日本軍『慰安婦』による証言など、被害者が直接声を上げる環境がつくられた。ダーバン宣言はそうした一連の動きの集約点だ」と説明します。

キーワードは人権

支配全体の責任に迫る

植民地支配の責任を問う動きを見る際のキーワードが人権です。ダーバン宣言と同時期に国際人権法では「被害者の救済」の考え方が確立しました。

植民地支配の被害者が声を上げ始めたことを受け、90年代には戦争犯罪や重大な人権侵害に対して、女性の権利や国際的な刑事司法制度を発展させる動きが強まりました。２００５年には国連総会が被害者救済のための「基本原則とガイドライン」を採択。個別の裁判を通じた被害者への賠償・補償など救済の方法が確立し、「被害者の救済」が植民地はじめ女性への暴力、拷問など国際的な人権侵害の解決のための中心課題となっています。

こうした動きについて、前田朗東京造形大教授（国際法）は、旧宗主国が補償額の拡大などを恐れて被害者の要求をつぶすなどダーバン宣言に反する中でも、「『被害者の救済』の立場で解決に当たらざるを得なくなっている」と意義を説明します。さらに植民地支配下の個別の人権侵害を国際法で「植民地犯罪」と規定すべきで、その断罪を通じて「植民地支配全体の責任に迫っていくことが可能だ」と指摘します。

安倍政権の国家中心主義

世界の潮流みない議論

「被害者救済」の視点が欠落し、新たな世界の潮流に逆行しているのが安倍政権です。

阿部浩己明治学院大教授（国際法）は5日、日本記者クラブでの講演で「国際的な規範的潮流が、国家中心から人間中心に、過去の不正義を是正する方向に転換している」と述べ、安倍首相が1965年の日韓請求権協定を盾に韓国政府を「国際法の常識に反する」などと非難するのは従来の国家中心主義の考え方だと批判しました。過去につくられた条約であっても、現在の人権重視の原則や規範に基づいて解釈するのが現代の解釈の仕方であり、「国際法の常識」だとして、「（請求権協定で）人権に反する解釈があってはならない」と強調しました。

阿部氏は2018年10月の韓国大法院（最高裁）判決について、「被害を受けてきた中小国や人間の側にたって国際秩序をつくり直す世界の潮流の表れ」だと指摘しました。

被害者の人権救済の立場でダーバン宣言を生かし、植民地支配そのものの不法性・不当性を問う潮流が生まれています。

朝鮮半島の人々は、独立直後から賠償・補償の請求をはじめ日本の過去の植民地支配の不当性・不法性を訴えてきました。現在の世界の潮流の先駆者です。安倍政権は世界の潮流にそって、過去の植民地支配を真摯《しんし》に反省すべきです。

（日隈広志 「しんぶん赤旗」 2019年9月16日付）

［番外編１］

「植民地支配への反省」投げ捨てた安倍政権

深刻な悪化が続く日韓関係。安倍政権による対韓貿易規制の拡大が直接の原因ですが、根本的要因として１９９０年代以来積み上げられてきた「植民地支配への反省」の立場を投げ捨てた安倍政権の態度があります。その経緯をあらためてみます。

日本が敗戦のさいに受諾したポツダム宣言（１９４５年）は、日本の戦争を侵略戦争と断罪するとともに、「朝鮮の人民の奴隷状態に留意し…朝鮮を自由かつ独立のものたらしむる」と定めたカイロ宣言（43年）の履行を明記するなど植民地支配の清算を求めています。

ところが戦後の自民党政治は80年代まで過去の歴史にまともに向き合おうとしませんでした。日本共産党が国会で過去の日本の戦争の性格をただしても「後世史家が評価するもの」（田中角栄首相、73年２月２日、衆院予算委員会）と答弁し続けてきました。

植民地支配についてはさらにひどく、65年に結んだ日韓基本条約の交渉過程ではその不法性・不当性を一切認めず、「日本は良いことをしようとした」と主張しました。

90年代に入り、前向きの変化

しかし90年代に入り、元「慰安婦」の女性が名乗り出て、日本政府に謝罪と賠償を求めるなど日本国内外で世論と運動が高まり、日本政府の姿勢に前向きの変化が起きます。

自民党政権が下野する直前の93年8月4日、河野洋平官房長官は、日本軍「慰安婦」問題について、軍の強制を認め、「心からのお詫びと反省」を表明する談話を発表。その直後に「非自民」政権を発足させた細川護熙首相は就任記者会見（93年8月10日）で「私自身は侵略戦争であった。間違った戦争であったと認識している」と表明したのです。

続く戦後50年の95年8月15日、村山富市首相が談話を発表。日本が「国策を誤り」「植民地支配と侵略」によって多大な損害と苦痛を与えたことを認め、「痛切な反省」と「心からのお詫び」を表明しました。韓国・朝鮮の植民地化を完成させた「韓国併合条約」（１９１０年）について村山首相は当初「法的に有効に締結された」（95年10月5日、参院本会議）と答弁したものの、国内外の批判をあび、「対等、平等の立場で結ばれたものではない」（同年10月13日、衆院予算委）と修正しました。

日韓両国の関係でも、前向きの変化が起こりました。98年には金大中大統領が来日し、小渕恵三首相との間で「日韓パートナーシップ宣言」に署名。「日本の韓国に対する植民地支配への反省」という表明が、日韓両国の公式文書に初めて盛り込まれました。

1993年8月4日	「河野洋平官房長官談話」発表
9日	細川護熙・連立内閣発足
10日	細川首相が会見で「私自身は侵略戦争であった、間違った戦争であったと認識している」と発言
95年8月15日	「村山富市首相談話」発表
97年2月27日	自民党議員で「日本の前途と歴史教育を考える若手議員の会」を結成し、歴史教科書攻撃を開始。初代事務局長に安倍氏が就任
98年10月8日	韓国の金大中大統領と小渕恵三首相が「日韓パートナーシップ宣言」に署名
2006年9月26日	安倍内閣発足
07年1～3月	米下院で、日本軍「慰安婦」問題で日本政府に対する謝罪決議案を提出。元「慰安婦」の女性が公聴会で証言
12年12月26日	第2次安倍内閣発足
	「村山談話」について安倍首相が「安倍内閣としてそのまま継承しているわけではない」「侵略の定義は学界的にも国際的にも定まっていない」（4月22、23日、参院予算委）と繰り返し見直しに言及
13年12月26日	安倍首相が靖国神社参拝を強行
15年8月14日	「安倍首相談話」を発表。首相自らの言葉として「反省」「お詫び」は語らず。日露戦争について「植民地支配のもとにあった、多くのアジアやアフリカの人びとを勇気づけた」と評価

自民党議員が「歴史・検討委員会」を発足。委員に安倍晋三氏が就任（93年8月23日）

『大東亜戦争の総括』

「歴史・検討委員会」が『大東亜戦争の総括』を発行（95年8月15日）。過去の日本の侵略戦争を肯定・美化

安倍政権が「軍や官憲による強制連行を直接示す証拠はない」などと主張する政府答弁書を閣議決定（07年3月16日）

米下院外交委員会の小委員会で証言する元「慰安婦」の女性たち＝2007年2月15日、ワシントン

靖国神社を参拝する安倍晋三首相＝2013年12月26日

逆流台頭の中心に安倍氏が

重大なのは、日本政府の中に歴史問題の前向きの変化が起こった局面で、その変化を覆し投げ捨てようとする逆流が起こったことです。その中心に常にいたのが安倍晋三首相でした。

93年8月の「河野談話」と細川発言に危機感をもった自民党内の右派勢力は同月、「歴史・検討委員会」という組織を発足させ、侵略戦争を肯定・美化するキャンペーンを展開し始めました。これには、同年7月の総選挙で当選したばかりの安倍氏も参加。「歴史・検討委員会」は、「村山談話」が発表された95年8月15日に、『大東亜戦争の総括』という本を編集・発行しました。同著では〝過去の日本の戦争は、アジア解放と日本の自存・自衛の戦争であり、正義の戦争〟だと結論づけ、南京大虐殺や日本軍「慰安婦」問題も、すべてでっちあげだったとしたのです。

この潮流はさらに、〝侵略戦争礼賛〟論を学校教育に持ち込もうと企て、歴史をゆがめる教科書づくりの運動を起こしました。96年12月には「新しい歴史教科書をつくる会」が発足。この運動を応援する自民党国会議員の組織として97年2月に「日本の前途と歴史教育を考える若手議員の会」(「教科書議連」)がつくられ、事務局長に抜てきされたのが当選4年目の安倍氏でした。現官房長官の菅義偉氏、現自民党政調会長の岸田文雄氏らも参加するなど、いまの〝安倍お友達政権〟の原型がここにあります。「教科書議連」は、河野元官房長官も会合に呼びつけ、「確たる証拠もなく強制性を先方(＝韓国)に求められるままに認めた」などと非難し、「河野談話」の撤回を迫ったりしました。

集大成が戦後70年談話

「植民地支配への反省」を投げ捨てる動きは、２００６年9月の第1次安倍内閣の発足によって政権そのものに持ち込まれることになりました。

日本軍「慰安婦」の被害女性の尊厳を回復し、問題を解決しようとデモ行進する参加者＝2019年８月14日、東京都千代田区

安倍首相は、過去の戦争の認識を国会質問で問われると、「村山談話」などを引用するものの、同談話の核心部分である「国策を誤り」「植民地支配と侵略」の記述にふれない〝骨抜き答弁〟を繰り返しました。07年には米下院で日本軍「慰安婦」問題で日本政府に謝罪を求める決議案が提出され大きな国際問題になりましたが、安倍政権は「軍や官憲による強制連行を直接示す証拠はない」と真っ向から拒否する答弁書の閣議決定（07年3月16日）までしたのです。

その後、安倍首相はあからさまに「村山談話」の見直しに言及。「侵略の定義は学界的にも国際的にも定まっていない。国と国との関係でどちらから見るかで違う」「歴史家、専門家に任せるべきだ」（13年4月23日、参院予算委）と40年以上前へと時代逆行するまでになりました。

政権への持ち込みの〝集大成〟が戦後70年の15年8月14日に発表した「安倍首相談話」でした。「安倍談話」には「侵略」「植民地支配」「反省」「お詫び」などの文言がちりばめられましたが、「村山談話」に示された歴史認識の核心的内容はまったく語られず、「反省」と「お詫び」も過去の歴代政権が表明したという事実に言及しただけで、首相自らの言葉としては語らないという欺瞞《ぎまん》に満ちたものとなりました。さらに暴力と強圧をもって朝鮮半島の植民地化を進めた日露戦争（１９０４～05年）を「植民地支配のもとにあった、多くのアジアやアフリカの人々を勇気づけた」と歪曲《わいきょく》するなど、植民地支配正当化論に立つものでした。

「植民地支配への反省」を投げ捨てる安倍政権の態度は、北東アジアの平和構築にとって有害となっています。いま、日韓関係悪化の根底にある「徴用工」や日本軍「慰安婦」などの歴史問題は、「過去の植民地支配への真摯《しんし》な反省の立場を土台にしてこそ解決の道が開かれる」（２０１９年8月26日、日本共産党の志位和夫委員長の会見）のです。

（高柳幸雄　「しんぶん赤旗」２０１９年9月5日付）

［番外編2］

日本メディアはどう伝えてきたか

日韓関係の深刻な悪化が続く中、メディアの異様な報道が目立ちます。TVをつければワイドショーが嫌韓・反韓をあおる、週刊誌を開けば「韓国なんて要らない」「ソウルは3日で占領できる」などという物騒な活字が目を奪う…。こんな無残な姿を見るにつけ、メディアのあり方が問われます。戦前、戦後を通じて、日本のメディアが朝鮮植民地支配にどう対応してきたか、検証します。

今日のメディアの異常な姿が始まったのは、2018年秋の韓国大法院（最高裁判所）による「徴用工」裁判での判決がきっかけです。日本の植民地支配の不法性と反人道的行為を正面から問うた判決に対し、安倍政権は「解決済み」「国際法違反」などと居丈高に判決を拒否し、韓国政府批判を開始しました。これと同一歩調をとるように、日本のメディアもまた、「両国関係を長年安定させてきた基盤を損ねる不当な判決」（「読売」）、「日韓関係の前提覆す」（「朝日」）などと一斉に判決と韓国政府を批判するキャンペーンを展開しました。

戦前の朝鮮報道

国家と一体に差別・抑圧

徴用工問題は侵略戦争・植民地支配と結びついた重大な人権問題です。日本政府や当該企業はこれら被害者に明確な謝罪や反省を表明していません。被害者の名誉と尊厳の回復という立場から日韓双方が冷静に話し合うことが求められているときに、日本のメディアは政権の強硬姿勢に同調し、解決の糸口を探すのではなく対決をあおるような報道に走っているのです。その根底にあるのは、「韓国併合」に始まる朝鮮植民地支配にどういう態度をとったかという問題です。

東京朝日新聞

朝鮮各地《てうせんかくち》の暴動《ばうどう》

一旦鎮静のごとくなりしも再び勃發

警官隊と衝突して死傷者を出す

主謀者は天道教及び基教徒

—六日京城特派員發

三・一運動を「暴動」「暴徒」と報じる日本の新聞（1919年３月７日付「朝日新聞」）

戦前の主要メディアによる朝鮮報道の特徴は、植民地支配への批判的視点を欠くだけでなく、国家権力と一体となって朝鮮人差別・抑圧の片棒を担いだことです。

1910年8月の「韓国併合条約」は、日本が韓国に対し軍事的強圧によって一方的に押し付けた不法・不当な条約です。ところが併合に際し日本の主要メディアで反対を主張したものはありませんでした。逆に、古来、日本と朝鮮は同祖同根だったとか、朝鮮王朝の悪政で朝鮮独立が不可能になった、日本の天皇が朝鮮人の幸福増進に手を差し伸べるもの、などといった身勝手な併合正当化論を展開しました。

この時期の有力新聞、総合雑誌の社説・論説のすべてが韓国併合を美化し、こじつけ議論で併合を正当化した――当時の新聞雑誌の論調を精査した歴史学者の姜東鎮元筑波大学教授は指摘します（『日本言論界と朝鮮』法政大学出版局）。メディアが作り上げた「世論」は併合の侵略的本質を隠しただけではありません。韓国併合は朝鮮人にとっても善政を施したという誤った認識を日本人の間に持ち込み、今日も強く残る植民地正当化の居直り・無反省の原点になっています。

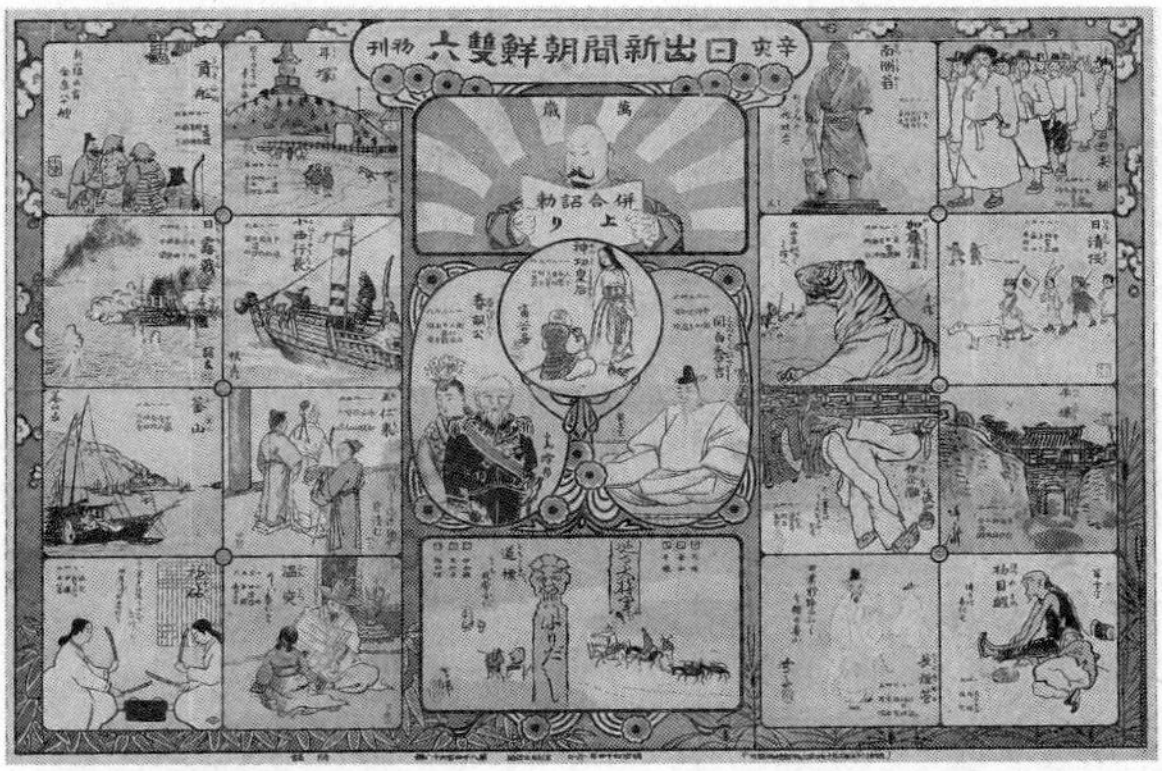

「日出新聞朝鮮双六（すごろく）」（1911年、民族問題研究所所蔵）韓国併合が「上り」になった双六。三韓「征伐」や朝鮮「征伐」、耳塚、伊藤博文などがコマに

天皇制政府による強圧と専制にたいし、韓国・朝鮮人民の怒りが噴き上がったのが、１９１９年の「三・一運動」に示される一大独立闘争です。日本の新聞はこれをどう報じたか。「日本では、大部分の新聞は政府や軍部の発表に基いて三・一運動を報道した。したがって、朝鮮民衆を『暴徒』『暴民』視するのが一般的であった」と歴史学者の趙景達氏はいいます。（岩波新書『植民地朝鮮と日本』）

三・一運動の参加者を「暴徒」「不逞《ふてい》鮮人」「土民」などと呼び、朝鮮人に対する恐怖や敵対心を日本人に植え込むことになりました。権力と一体となったメディアの朝鮮報道の行き着いた先が、１９２３年9月、関東大震災での朝鮮人虐殺の悲劇でした。

戦後も批判欠く姿勢

非を認めない政府を擁護

植民地支配への批判的視点を欠いた日本のメディアの姿勢は、戦後も続きます。

1945年8月、日本はポツダム宣言を受諾し、植民地朝鮮を解放しました。しかし、日本政府はその直後から、過去の非を認めず、朝鮮支配は正しかった、日本はいいこともしたという態度を打ち出しました。戦後一貫した日本政府の基本的立場です。これが端的に表れたのが、1950～60年代にかけての日韓国交正常化交渉における、いわゆる「久保田発言」「高杉発言」でした。

「日本は朝鮮に鉄道、港湾、農地を造った」「多い年で二〇〇〇万円も持ち出していた」。53年10月、日韓会談が長期にわたり中断する原因となった第三次会談の日本側首席代表、久保田貫一郎の発言です。韓国側の激しい反発にあい、会談決裂、中断したのは当然です。ところが、日本のメディアは久保田発言を批判するどころか、「ささたる言辞」「韓国の不条理な威嚇には屈しない」「朝鮮統治には功罪両面がある」などと発言を擁護しました。当時の新聞論調について研究者は「全新聞が韓国に非があるという認識であった」と分析しています。

「日本は朝鮮を支配したというけれども、わが国はいいことをしようとした」「それは搾取とか圧迫とかいったものではない」。交渉最終盤の65年1月、第七次会談首席代表の高杉晋一による妄言は、交渉決着への影響を懸念した日韓両政府によってオフレコ扱いとされ、日本の商業メディアは取材しながら黙殺しました。

同年6月、日韓条約は日本政府が植民地支配の不法性を認めようとしないなか、歴史問題が未決着のまま締結されましたが、この視点から日韓条約・諸協定を批判する日本のメディアはありませんでした。朝日新聞「検証・昭和報道」取材班は、条約調印を受けての自社社説について「…しかし植民地支配に対する日本の責任には触れていない」と指摘しています。（朝日文庫『新聞と「昭和」』）

日韓会談中断を報じる「朝日」（1953年10月21日付夕刊）

植民地支配への批判的視点を欠いた日本のメディアの弱点は、その後も日韓間で問題が起きるたびに表面化します。戦後70年に当たっての安倍首相談話でもその体質が現れます。この談話で首相は、暴力と軍事的強圧で朝鮮半島の植民地化をすすめた日露戦争を「植民地支配のもとにあった、多くのアジアやアフリカの人々を勇気づけました」と賛美しました。歴史を乱暴にねじ曲げ、植民地支配への反省どころか韓国併合そのものの美化・合理化にほかなりません。

しかし、日本の主要メディアは、村山談話の否定・後退を批判的に論じたものはあったとしても、韓国・朝鮮人民への配慮を欠いた日露戦争美化・礼賛に言及し正面から批判するものはありませんでした。

異常報道過熱に懸念も
冷静な議論へ問われる姿勢

今日、異常報道が過熱したのは、安倍政権が徴用工判決への対抗措置として、対韓貿易規制の拡大という政経分離の原則に反する〝禁じ手〟を強行したためです。ここでも日本のメディアは、被害者の名誉と尊厳を回復する責任を放棄した安倍政権の問題には目を向けず、「文政権は信頼に足る行動とれ」「発端は徴用工判決にある」などとの対韓批判を続けています。

その一方で、メディアの無残な姿を懸念し、他国への憎悪や差別をあおる報道はやめようという世論も広がっています。新聞労連が、戦前の過ちを繰り返さない、かつて商業主義でナショナリズムをあおり立てた「報道の罪」を忘れてはならないとし、「今こそ『嫌韓』あおり報道と決別しよう」と訴えたことは、その表れです。歴史の真実に向き合い冷静な議論への役割を果たせるか、いまメディアも問われています。

（近藤正男「しんぶん赤旗」2019年9月18日付）

戦後70年　北東アジアの平和

——歴史をふまえ未来を展望する

建国大学での志位和夫委員長の講演

日本共産党の志位和夫委員長が２０１５年10月22日、訪問先の韓国の首都ソウル市内にある建国大学で、「戦後70年　北東アジアの平和——歴史をふまえ未来を展望する」と題して行った講演は次のとおりです。

こんにちは。ご紹介いただきました日本共産党の志位和夫です。

戦後70年、日韓国交正常化50年の節目の年にあたって、この講演の実現のために尽力していただいた建国大学の宋熹永《ソンヒヨン》総長、ＫＵ中国研究院・韓仁熙《ハンインヒ》院長をはじめとするみなさんに、また、お集まりくださったみなさんに、心からの感謝を申し上げます。それから崔相龍《チェサンヨン》元駐日大使からは、私の名前の由来まで含めて温かいごあいさつをいただきました。心からの感謝を申し上げます。

私たちの住む北東アジアの国ぐには、古くから相互往来の歴史と伝統を持ち、今日、経済的にも文化的にも、交流と相互依存の関係が発展しています。文化という点でも、日本国民はさまざまな形で韓国文化に接しています。私自身で言いますと、韓国の歴史ドラマが大好きです。「チャングムの誓い」「イ・サン」「トンイ」などが、NHKテレビで放映されました。私は録画してでもすべて見てきました。こうしたドラマを通じても、日本国民は韓国の文化、歴史への理解を深めてきたと思います。

同時に、北東アジアの国ぐにの政治的協力という点ではどうでしょうか。この分野は、経済的・文化的な分野に比べて、大きな立ち遅れがあります。その原因はさまざまであり、この立ち遅れを打開するためには、双方の努力が必要だと考えますが、私は、日本の側の問題点としては、過去の歴史に対する姿勢という問題があると考えます。

今日は、この問題に焦点をあてて、日韓両国の戦前の歴史、戦後70年の歴史、そして未来に向けていかにして北東アジアの平和を築くかについて、私たちがどのように考えているかを、お話をさせていただきます。どうか最後までよろしくお願いいたします。

戦前――侵略戦争と植民地支配について

植民地支配の傷痕の深さ――過去の誤りに真摯に向き合ってこそ

第一は、戦前の歴史――日本による侵略戦争と植民地支配の歴史についてです。

私は、2006年9月に、日本共産党党首としては初めての訪韓を行い、西大門刑務所歴史館を訪問し、朝鮮の愛国者に追悼の献花を行いました。韓国政界のリーダーの方々や、歴史学者、学生のみなさんと対話する機会をもつことができました。その後もたびたび訪韓し、各界のみなさんとの対話を重ねてきました。

その全体を通じて痛感させられたのは、日本帝国主義による36年間の植民地支配の傷痕、それへの怒りが、なお韓国国民のなかに深く存在しているということでした。植民地支配によって、国を奪われ、人間の尊厳を奪われ、言語や名前すら奪われたことへの痛みの深さは、特別のものがあると、強く感じました。同時に、韓国国民の多くが、日本との未来に向けた友好を切実に願っていることも感じました。

講演する志位委員長＝2015年10月22日、韓国・ソウルの建国大学で

歴史は書き換えることはできません。都合の悪いことを、消しゴムで消すこともできません。しかし向き合うことはできます。日本が、過去の歴史に真摯《しんし》に向き合い、この国の人々が被ってきた歴史的苦難を深く理解し、誤りを認め、清算

してこそ、未来に向かって韓国のみなさんとの心を開いた交流は可能になる、これが私の実感です。私は、そうした真の友好にむけて、日韓両国政府の関係、両国国民の関係が前進するように力をつくすことをお約束するものです。

「50年戦争」ともいうべき連続した侵略戦争の歴史

日本は、1868年の明治維新の直後から、侵略の矛先をアジア諸国に向け、1945年の敗戦に至るまでの時期に、多くの侵略戦争を行ってきました。私たちが、その歴史をどのように認識しているかについて、お話をさせていただきたいと思います。

まず、一連の侵略戦争の起点をどこにおくか。

1931年のいわゆる「満州事変」——中国東北部への侵略戦争開始、1937年の中国への全面的な侵略戦争開始、1941年のアジア・太平洋戦争への拡大、そして1945年の敗戦にいたる、「十五年戦争」という捉え方は、すでに日本で定着した捉え方になっていると思います。しかし、その前は、平和な時代だったかというと、決してそんなことはありません。その前から日本は一連の侵略戦争を行い、それはアジアの諸国民に甚大な被害を与えるとともに、「十五年戦争」への道を開くことになりました。

私は、日本が領土拡張と外国支配を目的とした本格的な侵略戦争に乗り出したという点では、1894~95年の日清戦争と、1904~05年の日露戦争、この二つの戦争が一大画期となっていると考えます。これを起点として、「50年戦争」ともいうべき連続した侵略戦争の歴史が展開された――こう捉えますと、より広い視野に立って、歴史問題の全体像が捉えられるのではないかと思います。

日清戦争、日露戦争と、韓国・朝鮮の植民地化

それでは、日清戦争とはどんな戦争だったか。

この戦争が、それまでの清国による影響を排除して、日本が朝鮮を支配することを目的とした侵略戦争だったことは、否定しようもない歴史の事実です。1894年6月、日本は、東学農民革命の対応を口実に、朝鮮政府の要請もないまま、大軍を朝鮮に派兵し、ソウルを制圧します。そして朝鮮王宮を軍事占領して、国王と王妃を拘禁し、軍事的脅迫のもとで日本への協力を約束させたうえで、日清戦争を開始します。つまり日清戦争は、王宮軍事占領という、小規模ですが「日朝戦争」から開始されたことになります。

1895年4月、日清戦争の結果、日本は、下関講和条約で、朝鮮半島からの清国の影響力の排除を約束させるとともに、台湾・澎湖列島と遼東半島を日本に割譲することを認めさせました。ただし、遼東半島については、ロシア・フランス・ドイツの要求によって清国に返還させられます。朝鮮での覇権を失うことを恐れた日本は、1895年10月、日本による朝鮮支配に反対していた明成皇后（閔妃）を殺害するという暴挙を行いました。こうして、日本は、日清戦争によって、朝鮮の植民地化への最初の一歩を踏み出し、清国から台湾・澎湖列島を奪い取り、海外領土を保有する帝国主義国家となったのです。

つづく、日露戦争とはどんな戦争だったか。

この戦争の性格を一言で言えば、韓国と中国東北部の支配をめぐる、日露双方からの侵略戦争＝帝国主義戦争でした。日清戦争で、日本は朝鮮を支配下に置こうとしますが、結局はうまくいきません。逆にロシアの影響力が強まってきます。韓国からロシアの影響力を追い出して、今度こそ韓国をわが手におさめよう――日本にとっては、日露戦争とは何よりも韓国植民地化戦争でした。

韓国は、この戦争に関わらないという態度をとったのですが、1904年2月、日本は、日露開戦と同時に、ソウルを軍事占領し、「日韓議定書」を強要して、日露戦争への協力を韓国に約束させます。そして、1905年9月、日露戦争の講和を決めたポーツマス条約では、韓国に対する日本の支配権を全面的に認めさせるとともに、南樺太を割譲させ、中国東北部の権益を奪うことを取り決めました。

日露戦争の「勝利」の後は、日本の韓国に対する覇権は無制限になっていきます。1905年11月、日本は「第二次日韓協約」＝「韓国保護条約」（乙巳《いつし》条約）を押しつけ、外交権を完全に取り上げました。「保護条約」の「締結」は、伊藤博文が憲兵を引き連れて王宮に押し入り強引に調印させるという、野蛮きわまる軍事的強圧のもとに行われたものでした。

文字通りの強盗的なやり方で、韓国の従属国化をはかった暴虐に対して、反日義兵闘争が韓国全土に広がります。日本は、韓国人民のたたかいを血の海に沈めて、1910年、「韓国併合条約」によって、韓国・朝鮮の植民地化を完成させました。

こうして「韓国併合」は、日本軍による繰り返しの侵略、王妃の殺害、国王・政府要人への脅迫、民衆の抵抗の軍事的圧殺によって実現されたものであり、「韓国併合条約」は、日本が韓国に対して、軍事的強圧によって一方的に押しつけた不法・不当な条約です。私は、この疑いようのない歴史の事実をきっぱりと認め、両国・両国民の共通の歴史認識にすることが、未来にとってきわめて重要であると考えるものです。

「安倍談話」――歴史の事実を乱暴に歪曲する主張は許されない

こうした日清戦争、日露戦争の性格は、韓国のみなさんにとっては常識に属することかもしれません。しかし、私が、あえてこの歴史の事実を強調したのは、いま日本で、この歴史の事実を乱暴に歪曲《わいきょく》する主張が公然と行われているからです。

今年（2015年）、8月14日、安倍首相は「戦後70年談話」を発表しました。「安倍談話」には、「侵略」「植民地支配」「反省」「お詫《わ》び」などの文言がちりばめられています。しかし、誰がそれを行ったのかの〝主語〟がありません。日本が「国策を誤り」「植民地支配と侵略」を行ったという、1995年の「村山談話」に示された歴史認識はまったく語られていません。さらに、「反省」と「お詫び」も過去の歴代政権が表明したという事実に言及しただけで、首相自らの言葉としては語らないという欺瞞《ぎまん》に満ちたものとなりました。

それにくわえて、重大な表明がありました。「安倍談話」は、日露戦争について、次のように述べたのです。

「日露戦争は、植民地支配のもとにあった、多くのアジアやアフリカの人々を勇気づけました」。私は、首相が平然とこう述べたことに、驚きとともに強い憤りを覚えずにはいられませんでした。いったい日露戦争が韓国の人々にどのような「勇気」をあたえたというのでしょうか。この戦争によって植民地化を押しつけられた韓国は、「アジア・アフリカ」の中に入らないとでもいうつもりでしょうか。

日露戦争での日本の「勝利」は、その直後には、帝国主義列強の抑圧に苦しむ諸民族から歓迎を受けたという事実はあります。しかし、世界の人々は、真実をすぐに知ることになりました。それは、インドの独立・建国の父の一人、ジャワハルラル・ネールが、つぎのように述べているとおりです。

「その（日露戦争の）直後の成果は、少数の侵略的帝国主義諸国のグループに、もう一国をつけくわえたというにすぎなかった。そのにがい結果を、まず最初になめたのは、朝鮮であった」。私たちは、明治以降の日本の侵略戦争を全面的に「名誉回復」しようという逆流を許さないことはもちろんですが、日清・日露戦争の正当化論のような、侵略戦争の部分的な「名誉回復」も決して許さない――そういう立場で奮闘する決意です。

独立と解放を求める韓国・朝鮮人民のたたかいと日本共産党

植民地化は、韓国・朝鮮の人々に、長い苦難と犠牲を強いるものとなりました。同時に、独立と解放を求める韓国・朝鮮の人々の抵抗は切れ目なく続きました。なかでも1919年の「三・

一運動」とよばれた大独立闘争は、200万人あまりが参加し、朝鮮独立の意思を全世界に力強く訴えた、世界史的意義をもつたたかいとなりました。

私が、紹介したいのは、当時の日本で、この朝鮮人民のたたかいに連帯したたたかいが存在していたということです。

私は、9年前の初めての訪韓で、西大門刑務所歴史館を訪問したさいに、一つの歴史的文書のコピーをお渡ししました。今日もここに持ってまいりましたが、1931年3月1日付と、1932年3月2日付の日本共産党中央機関紙「赤旗《せっき》」です。「赤旗」は今日も続いておりまして「しんぶん赤旗」として大きく発展しています。

ここには、「三・一運動」を記念して、朝鮮独立闘争への連帯を烈々と訴える論説が掲載されています。1923年の関東大震災のさいに多くの在日朝鮮人が虐殺された歴史を「恥づべき頁」だ、「この恥を雪《そそ》がなければならない」といって連帯を呼びかけています。次のようなスローガンが掲げられています。

「朝鮮独立運動三・一記念日万才！」「日本、朝鮮、台湾、中国の労働者農民の団結！」「朝鮮農民に朝鮮の土地を返せ！」「打倒日本帝国主義！」「朝鮮、台湾、中国の植民地及び半植民地民族の完全なる解放！」。

1922年に創立された日本共産党は、戦前、侵略戦争と植民地支配に命がけで反対し、日本帝国主義によって抑圧された諸民族との国際連帯を掲げてたたかった唯一の政党です。そのために多くの私たちの先輩たちは、弾圧され、命を落としました。私は、このたたかいは、21世紀の未来にむけての日韓両国・両国民の友好にとっても、歴史的意義をもつものであると、確信するものです。

戦後70年――歴史問題という角度から

戦後の自民党政治――過去の歴史にまともに向き合わない重大な弱点

第二に、お話ししたいのは、戦後70年の歴史についてです。

日本の侵略戦争と植民地支配に対しては、明確な歴史の審判が下されました。日本が敗戦のさいに受諾したポツダム宣言には、日本の戦争は「世界征服」のための戦争――侵略戦争だったとの判定が明記されています。さらにポツダム宣言ではカイロ宣言の履行を義務づけていますが、カイロ宣言には、「朝鮮人民の奴隷状態」に留意し、「朝鮮を自由かつ独立のもの」とするとの規定があります。日本の戦争を侵略戦争と断罪するとともに、植民地支配の清算を求めたのがポツダム宣言だったのです。

しかし、こうした宣言を受諾して戦後の再出発をしたはずなのに、戦後の自民党政治は、過去の歴史にまともに向き合おうとしない重大な弱点をもつものとなりました。

まず侵略戦争に対する認識の問題です。歴代の自民党政府は、1970年代から80年代くらいまでは、わが党が国会で政府に対して過去の日本の戦争の性格をただしても、「後世の歴史家が決めるものだ」といって逃げ続ける姿勢をとってきました。

たとえば、日本と中国が国交を回復した翌年、1973年2月の国会で、わが党の不破哲三書記局長（当時）が、当時の田中角栄首相に対して、「あなたは過去の中国にたいする戦争について、これを侵略戦争と考えるのか、それとも別の戦争だと考えるのか」と質問しました。しかし、田中首相の答弁は、「過去の日本の戦争について聞かれても、……後世、歴史家が評価するものであるという以外にはお答えできません」というものでした。田中首相は、日中国交回復にあたって、中国で過去の戦争についての反省の言葉を述べてきたはずなのに、どんな性格の戦争だったかについては、口を拭って一切言おうとしなかったのです。同様の無責任な首相答弁は、1980年代の終わりくらいまで続きました。

植民地支配正当化論——日韓基本条約をめぐって

それでは植民地支配に対する日本政府の認識はどうだったのか。率直に言って、侵略戦争に対する認識よりも、さらに遅れた認識が横行していました。

戦後の日本政府の植民地支配に対する認識を最もよくあらわす二つの文書があります。ここに持ってまいりましたが、外務省が講和条約締結の準備過程で1949年に作成した「割譲地に関する経済的財政的事項の処理に関する陳述」と、1950年に作成した「対日平和条約の経済的意義について」という文書です。

実は、当時、この二つの文書は「極秘」とされていました。半世紀以上も「極秘」とされ、

2005年に秘密指定解除となったものです。これらの文書では、朝鮮などの地域は「当時としては国際法、国際慣例上普通と認められていた方式により取得され（た）」ものだった、つまりまったく合法的なものだったとされています。さらに、朝鮮などの統治は「世にいう植民地に対する搾取政治」ではなく、「経済的、社会的、文化的の向上と近代化は専ら日本の貢献によるものであった」とされています。

むきだしの植民地支配正当化論です。悪いことをしたという認識が少しもない。こういう認識で日韓国交正常化交渉を始めたわけですから、1965年の日韓基本条約に至る交渉過程、この条約をめぐる日本政府の認識には、大きな問題点があらわれました。

第一に、日韓交渉の過程で、日本政府代表から、「日本の朝鮮統治は、良い面もあった」「わが国は良いことをしようとした」などの「妄言」が繰り返し行われ、和解への重大な障害をつくりだしました。

第二に、当時の佐藤栄作首相が、「韓国併合条約」について、「対等な立場、自由意思で締結された」という認識を繰り返し表明したことです。これは、日本が「併合条約」を野蛮な軍事的強圧のもとで押しつけたという歴史的事実を乱暴にねじまげるものでした。

第三に、日韓基本条約には、植民地支配については一切言及されていません。第2条では、「韓国併合条約」等について「もはや無効」と宣言されました。しかし、この条項の解釈は、日韓両政府間で分かれました。日本政府は、「併合条約」等は、締結時から効力を発生し、有効だったが、1948年の大韓民国成立時に無効になったと解釈しました。これに対して、韓国政府は、「併合条約」等は、当初から無効であると解釈しました。すでに見た「韓国併合」に至る歴史的事実にてらすならば、「併合条約」は、当初から無効とみなされるべきだと、私たちは考えるものです。そういう方向で、両国政府間の解釈を一致させていくことが、日韓両国間に横たわる歴史問題を解決するうえで、いわば根本的な認識を共有するという点で、きわめて重要となると考えるものです。

建国大学の宋総長（中央）ら同大関係者と面談を終え記念撮影におさまる志位委員長（総長の右隣）ら訪問団一行。後ろに掲げられたのは歓迎の横断幕＝2015年10月21日（中祖寅一撮影）

なぜ戦後の日本政治に、歴史問題に対するこうした弱点があらわれたのか。韓国のみなさんは、不思議に思われる方も多いと思います。

ドイツの場合は、ヒトラー・ナチスに協力した指導勢力は処罰され、追放されました。しかし日本では、事情が大きく異なりました。侵略戦争と植民地支配を推進した指導勢力のうち、戦争犯罪人として裁かれたのはごく一握りの人々で、多くが「復権」し、戦後の日本政治の中枢を握ることとなったのです。こうした歴史的事情が、今日なお歴史問題での逆流が繰り返される根本に横たわっているのです。

靖国神社の参拝問題、日本軍「慰安婦」問題、歴史をゆがめる教科書問題、過去の戦争や植民地支配を賛美する数々の暴言――これらが今日も続いている歴史的根源には、そうした問題があることを、私は、きびしく指摘しなければなりません。

前向きの変化――1990年代の「河野談話」「村山談話」

日本国内外の批判と運動におされて、歴史問題に対する日本政府の姿勢は、1990年代に入って前向きの変化が起こります。

1993年8月、日本軍「慰安婦」問題について、軍の強制を認め、「心からのお詫びと反省」を表明した、河野洋平官房長官の談話が発表されました。

同年、8月、細川護熙首相は、記者会見で、過去の日本の戦争を「侵略戦争」とする認識を表明しました。

続いて、1995年8月、村山富市首相は談話を発表し、日本が「国策を誤り」、「植民地支配と侵略」によって多大な損害と苦痛を与えたことを認め、「痛切な反省」と「心からのお詫び」を表明しました。日本政府が「植民地支配」という言葉を用いて謝罪したのはこれが初めてでした。さらに村山首相は、「韓国併合条約」について、国会答弁で、「対等平等の立場で結ばれた条約とは考えておりません」と表明しました。これらの言明は、内外で肯定的に評価されました。

日韓両国の関係でも、前向きの変化が起こりました。1998年、金大中《キムデジュン》大統領が来日し、小渕恵三首相との間で、「日韓パートナーシップ宣言」が行われました。この「宣言」では、「日本の韓国に対する植民地支配への反省」という表明が、日韓両国の公式文書では初めて盛り込まれました。先ほどごあいさつをいただいた崔相龍《チェサンヨン》大使には、当時、大きなご尽力をいただいたと聞いております。

逆流の台頭――歴史を偽造する極右勢力による政治支配を一日も早く終わらせる

ところが日本政府のなかに歴史問題での前向きの変化が起こったまさにその時に、この変化に危機感を燃やした逆流が起こります。

1993年8月、自民党内に、「歴史・検討委員会」という組織がつくられました。この組織は、2年後の1995年8月、『大東亜戦争の総括』という本を発表します。そこでは〝過去の日本の戦争は、アジア解放と日本の自存・自衛の戦争であり、正義の戦争〟だと結論づけられました。南京大虐殺や日本軍「慰安婦」問題も、すべてでっちあげだったとされました。

この潮流は、こうした〝侵略戦争礼賛〟論を学校教育に持ち込もうと企て、歴史をゆがめる教科書づくりの運動を起こしました。1997年2月には、この運動を応援する国会議員の組織を発足させました。この国会議員の組織の事務局長に抜てきされたのが、当選4年目の安倍晋三氏だったのです。

日本の政治の現状は、安倍晋三氏を先頭とする〝侵略戦争礼賛〟の異質の潮流が、政権と自民党をのみこんだ状態にあります。このような異常は一刻も放置できません。歴史を偽造する極右勢力による政治支配を一日も早く終わらせるために全力をつくす。これが私たち日本共産党の強い決意です。

未来にむけて――北東アジアの平和をどうやって築くか

戦争法（安保法制）を廃止し、「国民連合政府」の実現を

第三に、お話ししたいのは、未来に向けて北東アジアの平和をどうやって築くかということについてです。

9月19日、安倍政権は、空前の規模で広がった日本国民の反対の世論と運動に背いて、安保法制――私たちが戦争法と呼んでいる一連の法案の採決を強行しました。私たちは、この戦争法ばかりは、政府・与党の「数の暴力」で成立させられたからといって、それを許したままにしておくことは絶対にできないものだと考えています。

国会論戦を通じて、戦争法が、日本国憲法第9条を蹂躙《じゅうりん》して自衛隊の海外派兵を進め、日本を「戦争をする国」につくりかえる違憲立法であることは明瞭となっています。それを進めたやり方も、「憲法9条のもとでは集団的自衛権は行使できない」という60年余にわたる政府の憲法解釈を一内閣の専断で覆すという、立憲主義を乱暴に破壊するものでした。

日本の自衛隊は、戦後、一人の外国人も殺さず、一人の戦死者も出していません。これは、何よりも憲法9条の偉大な力によるものです。この平和の歩みを断ち切り、「殺し、殺される日本」につくりかえることは、絶対に認めるわけにはいきません。

日本共産党は、戦争法が強行されたその日に、「戦争法廃止の国民連合政府」の「提案」を行いました。私たちの「提案」は、つぎの三つの柱からなっています。

第一は、戦争法（安保法制）を廃止し、安倍政権打倒を求めるたたかいをさらに発展させようという、たたかいの呼びかけです。

第二は、戦争法廃止で一致する政党・団体・個人が共同して「国民連合政府」をつくろうという、政府の提唱です。

第三は、「戦争法廃止の国民連合政府」で一致する野党が、国政選挙で選挙協力を行おうという呼びかけです。

この「提案」は、大きな国民的反響を広げつつあります。わが党と野党各党との話し合いも始まりました。戦争法案にたいして、野党5党――日本共産党、民主党、維新の党、社民党、生活の党は、結束して反対を貫きました。私は、この土台のうえに、誠実に話し合いを行うならば、野党間で合意が実現する可能性は大いにあると考えています。

そして、「戦争法廃止、立憲主義回復、国民連合政府」という大義の旗を掲げ、野党が一致結束してたたかうならば、直面する国政選挙で勝利し、安倍政権を退陣に追い込み、それに代わる新しい国民の政府をつくる道が開かれうると考えています。

いま日本は、戦後最大といってもいい歴史的激動のなかにあります。戦争法廃止を求めて、国民一人ひとりが、主権者として、自覚的・自発的に声をあげ、立ち上がるという、戦後かつてない新しい国民運動が広がっています。韓国のテレビ等でも紹介されていると聞きましたが、そのなかで若者が素晴らしい役割を発揮しているのは、日本の未来にとって大きな希望です。「国民連合政府」が実現し、この政府のもとで、日本国憲法の平和主義・立憲主義・民主主義を貫く新しい政治への一歩が踏み出されるならば、それは日本の政治に希望ある新局面をつくりだすだけでなく、アジアと世界の平和的未来への貢献にもなることは疑いありません。私は、この歴史的チャレンジを成功させるために、あらゆる知恵と力を注ぎたいと強く決意しています。

「北東アジア平和協力構想」——この地域に真の平和、安定、友好を

それでは北東アジアの平和と安定をどうやって築くか。

安倍首相は、戦争法を強行するさいに、ひたすら「抑止力強化」ということを繰り返しました。私たちの住む北東アジアには、さまざまな紛争と緊張の火種が存在します。しかし、そうした問題に対して、日本が「抑止力強化」の名で、もっぱら軍事で構えたらどうなるでしょう。相手も、軍事力の増強を加速することになるでしょう。そうした〝軍事対軍事〟の悪循環に陥ることこそ、最も危険なことではないでしょうか。どんな問題も外交的解決に徹する、そのために憲法9条の精神に立った平和の外交戦略を確立することこそ、いま日本に求められていることだと考えます。

私たちは、その大きなヒントが東南アジアの国ぐに——ASEAN（東南アジア諸国連合）が実践している地域の平和協力のとりくみにあると考えています。ASEANは、TAC（東南ア

ジア友好協力条約）を締結し、この条約を土台にして「紛争を戦争にしない」——あらゆる紛争問題を話し合いで解決する重層的な平和と安全保障の枠組みをつくりあげています。ＡＳＥＡＮが現に実践している地域の平和協力の枠組みを、北東アジアにも構築しよう。こうした立場から、日本共産党は「北東アジア平和協力構想」を提唱し、その実現のために関係各国との対話を続けてきました。具体的には次の4点です。

一つは、北東アジア規模の「友好協力条約」を締結する。二つは、北朝鮮問題は、困難はあっても「6カ国協議」の枠組みで解決する。三つは、この地域に存在する領土にかかわる紛争問題をエスカレートさせない行動規範を結ぶ。そして四つは、日本が過去に行った侵略戦争と植民地支配の反省は、地域の友好と協力のうえで不可欠の土台となる。これが私たちの提唱する「北東アジア平和協力構想」の中身です。

私たちは、この「構想」こそ、安倍政権の戦争法に対する真の平和的対案であると確信するものです。この「構想」はまた、韓国の朴槿惠《パククネ》大統領が提唱している「北東アジア平和協力構想」、インドネシア政府が提唱している「インド・太平洋友好協力条約」の構想などとも方向性を共有し、響き合う内容となっていると考えます。

この「構想」を実らせるうえで最大のカギの一つとなるのが、今日の講演の主題である歴史問題の解決にほかなりません。日本共産党は、戦後70年の節目のこの年を、日本とアジア諸国との「和解と友好」に向かう年とするために、日本の政治がとるべきつぎの五つの基本姿勢を提唱しています。

第一は、「村山談話」「河野談話」の核心的内容を継承し、談話の精神にふさわしい行動をとり、談話を否定する動きに対してきっぱりと反論することです。

第二は、日本軍「慰安婦」問題について、被害者への謝罪と賠償など、人間としての尊厳が回復される解決に踏み出すことです。

第三は、少なくとも首相や閣僚による靖国参拝は行わないことを、日本の政治のルールとして確立することです。

第四は、民族差別をあおるヘイトスピーチを根絶するために、立法措置も含めて、政治が断固たる立場に立つことです。

第五は、「村山談話」「河野談話」で政府が表明してきた過去の誤りへの反省の立場を、学校の教科書に誠実かつ真剣に反映させる努力をつくすことです。

みなさん。この5項目ですが、いかがでしょうか。

北東アジアに平和と安定を築く基礎となるのは信頼です。信頼がなければ心を開いた対話はできず、真の平和をつくりだすことはできません。そして、信頼は、歴史の真実に正面から向き合い、誠実かつ真摯に誤りを認め、未来への教訓とする態度をとってこそ、得ることができる。これが私たちの確信です。

日本の政治がこうした理性ある方向に進み、北東アジアに真の平和、安定、友好をつくりだすために、力のかぎり奮闘することをお約束して、私の講演を終わります。ご清聴ありがとうございました。

（「しんぶん赤旗」２０１５年10月24日付）